Impressum
Verlag: BABADADA GmbH, Nedderfeld 112 , 22529 Hamburg
Geschäftsführer / Verlagsleitung: Harald Hof
Druck: Books on Demand GmbH, In de Tarpen 42, 22848 Norderstedt

Imprint
Publisher: BABADADA GmbH, Nedderfeld 112 , 22529 Hamburg, Germany
Managing Director / Publishing direction: Harald Hof
Print: Books on Demand GmbH, In de Tarpen 42, 22848 Norderstedt

AF221729

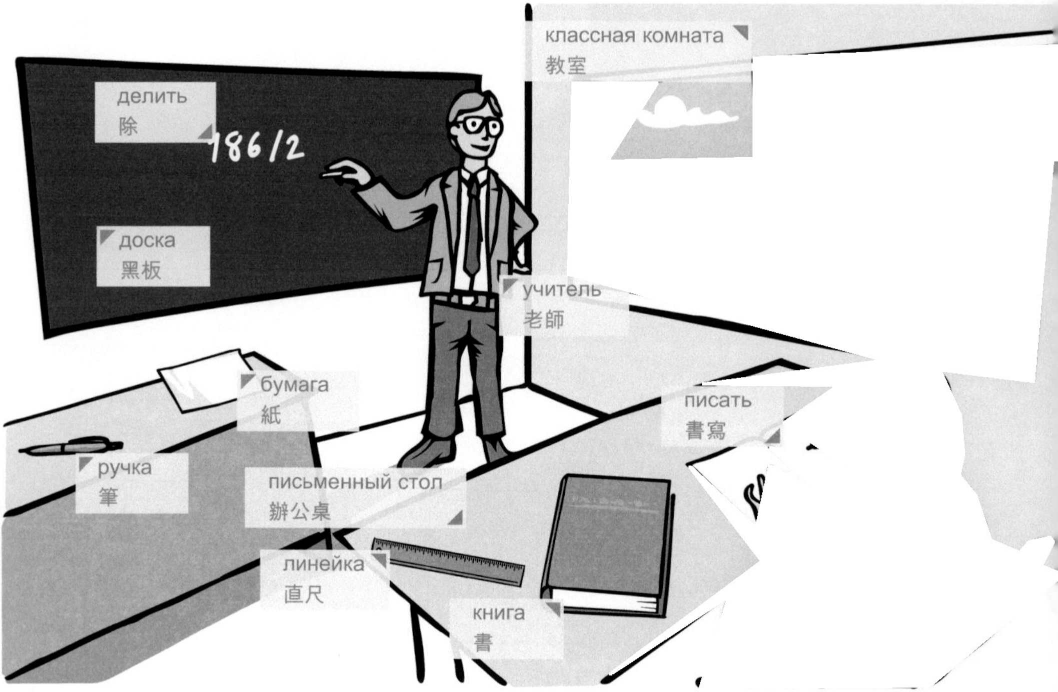

делить
除

186/2

доска
黑板

классная комната
教室

учитель
老師

бумага
紙

писать
書寫

ручка
筆

письменный стол
辦公桌

линейка
直尺

книга
書

ранец

書包

пенал

鉛筆盒

карандаш

鉛筆

точилка

削鉛筆機

ластик

橡皮擦

альбом для рисования

畫板

рисунок

圖畫

кисточка

畫筆

коробка красок

顏料盒

ножницы

剪刀

клей

膠水

тетрадь

練習冊

домашняя работа

家庭作業

цифра

數字

прибавлять

加

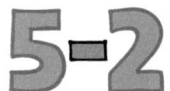

вычитать

減

умножать

乘

считать

計算

буква

字母

алфавит

字母表

hello

слово

字

текст

課文

читать

讀

мел

粉筆

урок

上課

классный журнал

登記

экзамен

考試

диплом

證書

школьная форма

校服

образование

教育

энциклопедия

百科全書

университет

大學

микроскоп

顯微鏡

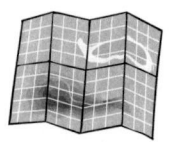

карта

地圖

корзина для бумаг

廢紙簍

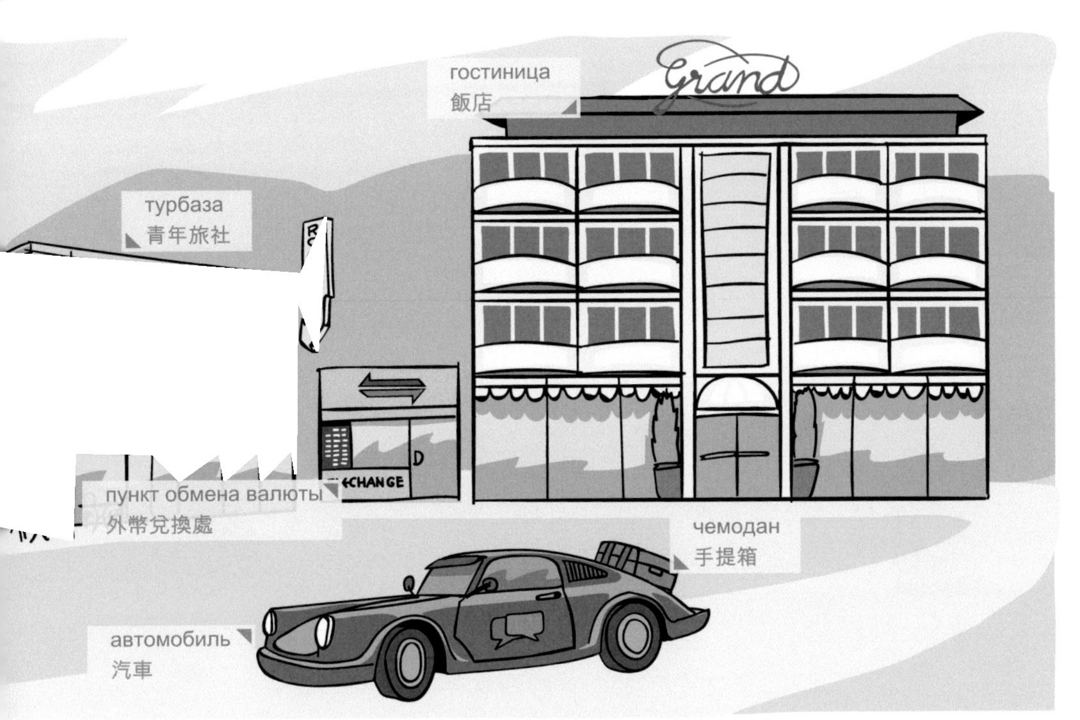

гостиница
飯店
Grand
турбаза
青年旅社
пункт обмена валюты
外幣兌換處
EXCHANGE
чемодан
手提箱
автомобиль
汽車

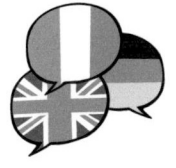

язык

語言

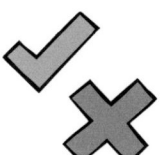

да / нет

是/否

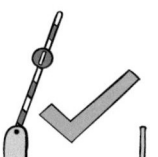

хорошо

好的

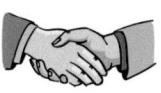

Привет

您好

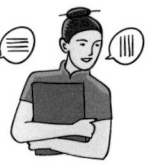

переводчик

翻譯人員

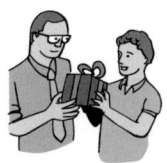

Спасибо

謝謝

Сколько стоит…?

……多少錢？

Я не понимаю

我不明白

проблема

問題

Добрый вечер!

晚上好！

Доброе утро!

早上好！

Доброй ночи!

晚安！

До свидания

再見

направление

方向

багаж

行李

сумка

包

рюкзак

背包

гость

客人

комната

房間

спальный мешок

睡袋

палатка

帳篷

туристическая
информация
旅行資訊

пляж
海灘

кредитная карточка
信用卡

завтрак
早餐

обед
午餐

ужин
晚餐

билет
票

лифт
電梯

почтовая марка
郵票

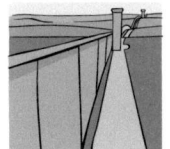

граница
邊界

таможня
海關

посольство
大使館

виза
簽證

паспорт
護照

самолёт
飛機

корабль
船

пожарный автомобиль
消防車

автобус
公車

грузовик
卡車

моторная лодка
汽艇

велосипед
腳踏車

автомобиль
汽車

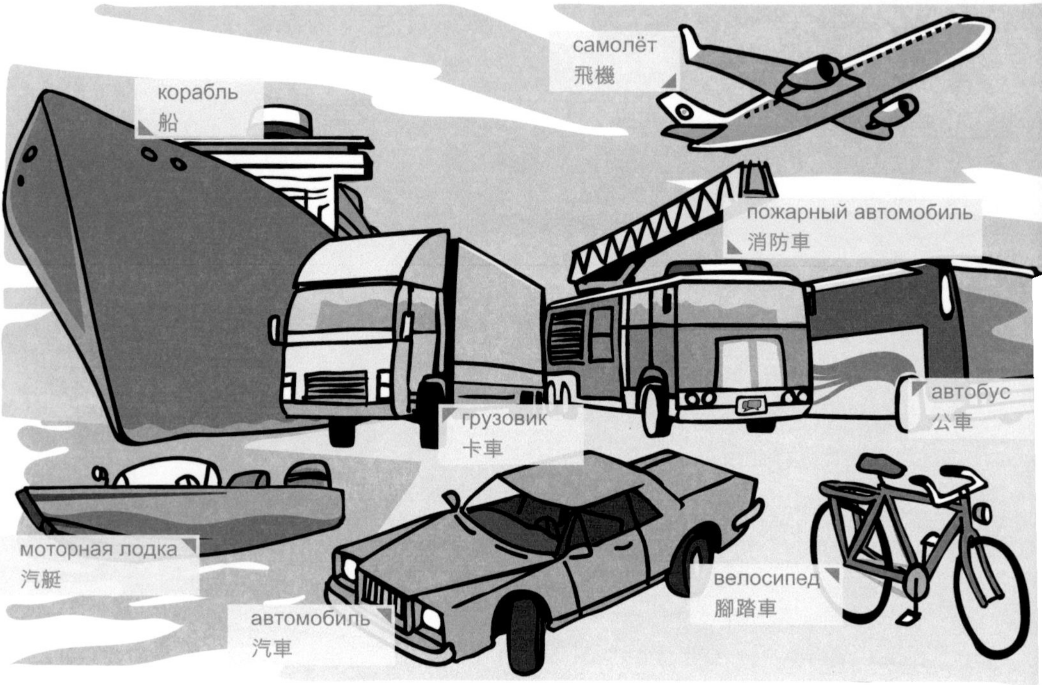

паром

渡輪

лодка

小船

мотоцикл

機車

полицейский автомобиль

警車

гоночный автомобиль

賽車

арендованный
автомобиль
租車

совместное пользование
автомобилями

拼車

буксировочный
автомобиль
拖車

мусоровоз

垃圾車

двигатель

馬達

топливо

汽油

заправка

加油站

дорожный знак

交通標識

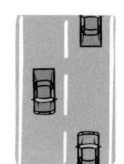

движение

交通

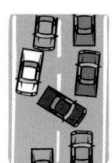

пробка

交通堵塞

автостоянка

停車場

вокзал

火車站

рельсы

軌道

поезд

火車

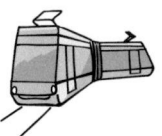

трамвай

路面電車

вагон

客車廂

вертолёт

直升機

аэропорт

機場

вышка

塔

пассажир

乘客

контейнер

集裝箱

коробка

紙板箱

тележка

手推車

корзина

籃子

взлетать / приземляться

起飛/降落

城市

деревня

村莊

центр города

市中心

дом

房子

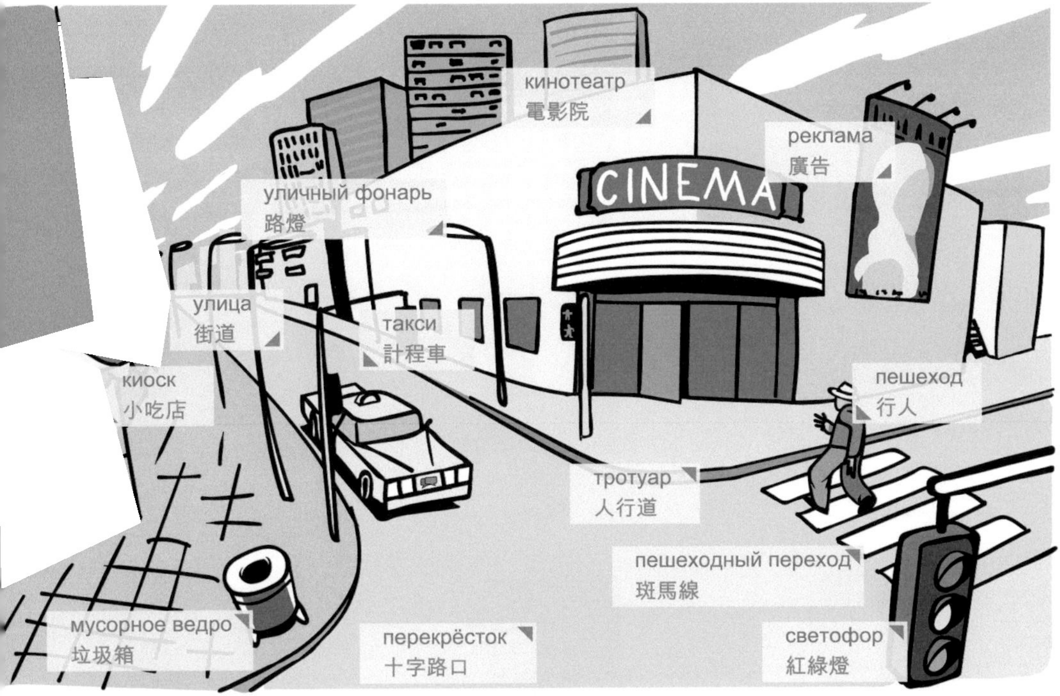

CINEMA
кинотеатр
電影院
реклама
廣告
уличный фонарь
路燈
улица
街道
такси
計程車
киоск
小吃店
пешеход
行人
тротуар
人行道
пешеходный переход
斑馬線
мусорное ведро
垃圾箱
перекрёсток
十字路口
светофор
紅綠燈

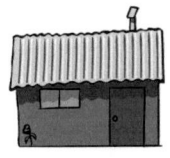

хижина

小屋

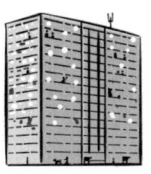

квартира

公寓

вокзал

火車站

ратуша

市政廳

MUSEUM

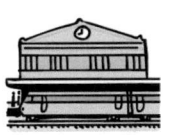

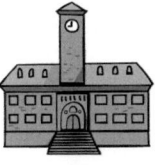

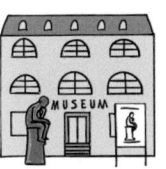

музей

博物館

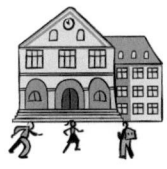

школа

學校

университет

大學

банк

銀行

больница

醫院

гостиница

飯店

аптека

藥房

офис

辦公室

книжный магазин

書店

магазин

商店

цветочный магазин

花店

супермаркет

超市

рынок

市場

универмаг

百貨商店

торговец рыбой

魚店

торговый центр

購物中心

порт

海港

парк

公園

скамейка

長凳

мост

橋

лестница

樓梯

метро

捷運

тоннель

隧道

автобусная остановка

公車站

бар

酒吧

ресторан

餐館

почтовый ящик

郵筒

табличка с названием улицы

路標

паркометр

停車計時器

зоопарк

動物園

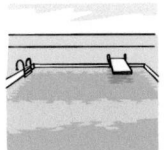

бассейн

游泳池

мечеть

清真寺

ферма

農場

загрязнение окружающей среды

污染

кладбище

墓地

церковь

教堂

детская площадка

操場

храм

寺廟

地形

лист
樹葉

дорожный указатель
指示牌

дорога
路

луг
草地

камень
石頭

дерево
樹

путешественник
徒步旅行者

река
河

трава
草

цветок
花

долина

峽谷

гора

丘陵

озеро

湖

лес

森林

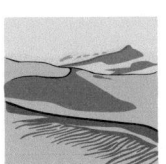

пустыня

沙漠

вулкан

火山

замок

城堡

радуга

彩虹

гриб

蘑菇

пальма

棕櫚樹

комар

蚊子

муха

蒼蠅

муравей

螞蟻

пчела

蜜蜂

паук

蜘蛛

ландшафт - 地形

15

жук

甲蟲

лягушка

青蛙

белка

松鼠

еж

刺蝟

заяц

野兔

сова

貓頭鷹

птица

鳥

лебедь

天鵝

кабан

野豬

олень

鹿

лось

麋鹿

плотина

水壩

ветряной генератор

風力發電機

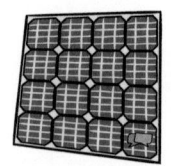

солнечная батарея

太陽能電池板

климат

氣候

официант
服務生

меню
菜譜

стул
椅子

пицца
披薩餅

суп
湯

скатерть
桌布

столовые приборы
餐具

закуска
前菜

главное блюдо
主菜

десерт
甜點

напитки
飲料

еда
食物

бутылка
瓶子

фастфуд

速食

уличная еда

街邊小吃

чайник

茶壺

сахарница

糖盒

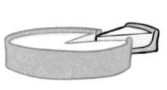

порция

一份飯菜

кофеварка

義式咖啡機

детский стульчик

高腳椅

счет

帳單

поднос

托盤

нож

刀

вилка

餐叉

ложка

勺子

чайная ложка

茶匙

салфетка

餐巾

стакан

玻璃杯

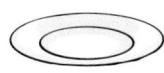

тарелка

碟子

суповая тарелка

湯盤

блюдце

碟子

соус

醬

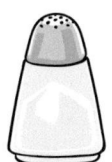

солонка

鹽瓶

мельница для перца

胡椒研磨罐

уксус

醋

масло

食用油

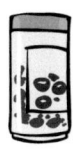

специи

調味料

кетчуп

番茄醬

горчица

芥末

майонез

美乃滋

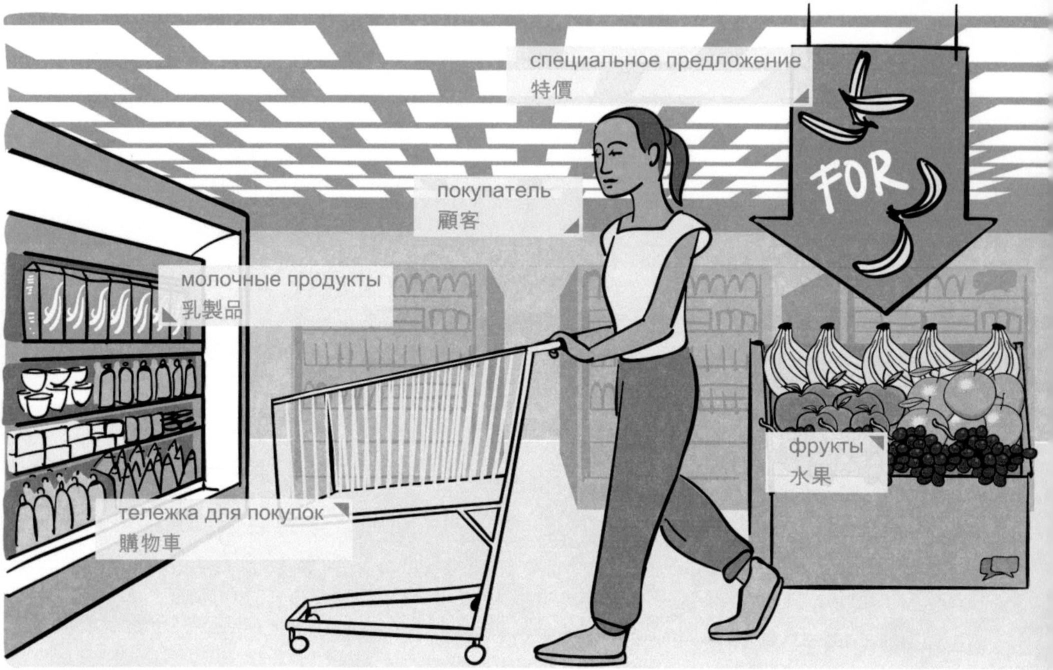

специальное предложение
特價
FOR
покупатель
顧客
молочные продукты
乳製品
фрукты
水果
тележка для покупок
購物車

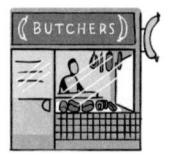

BUTCHERS

мясной магазин

肉鋪

BAKERY

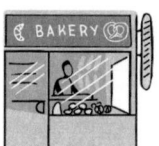

пекарня

麵包店

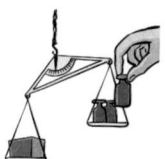

взвешивать

稱重

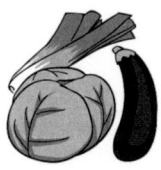

овощи

蔬菜

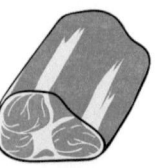

мясо

肉

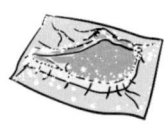

быстрозамороженные продукты

冷凍食品

нарезка

冷盤

консервы

罐頭食品

стиральный порошок

洗衣粉

сладости

甜食

предмет домашнего
обихода

日用品

моющее средство

清潔用品

продавщица

銷售員

касса

收銀機

кассир

收銀員

список покупок

購物清單

время работы

開放時間

бумажник

錢包

кредитная карточка

信用卡

сумка

袋子

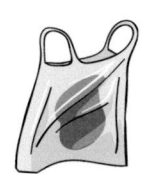

полиэтиленовый пакет

塑膠袋

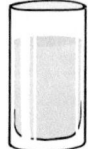

вода

水

сок

果汁

молоко

牛奶

кока-кола

可樂

вино

紅酒

пиво

啤酒

алкоголь

酒

какао

可可

чай

茶

кофе

咖啡

эспрессо

義式濃縮咖啡

капучино

卡布奇諾

банан

香蕉

яблоко

蘋果

апельсин

柳丁

арбуз

西瓜

лимон

檸檬

морковь

胡蘿蔔

чеснок

大蒜

бамбук

竹子

лук

洋蔥

гриб

蘑菇

орехи

堅果

лапша

麵條

спагетти

義大利麵

рис

米飯

салат

沙拉

картофель фри

薯條

жареный картофель

炸馬鈴薯

пицца

披薩餅

гамбургер

漢堡

сэндвич

三明治

шницель

炸豬排

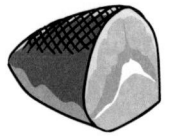

ветчина

火腿

салями

義大利臘腸

колбаса

香腸

курица

雞肉

жаркое

烤肉

рыба

魚

овсяные хлопья

燕麥片

мюсли

木斯里

кукурузные хлопья

玉米片

мука

麵粉

круассан

牛角麵包

булочка

麵包捲

хлеб

麵包

тост

吐司

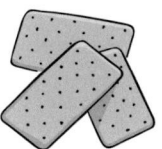

печенье

餅乾

масло

奶油

творог

凝乳

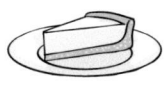

пирог

蛋糕

яйцо

蛋

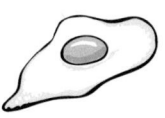

яичница

煎蛋

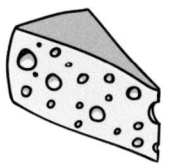

сыр

起司

мороженое

冰淇淋

сахар

糖

мёд

蜂蜜

мармелад

果醬

крем с нугой

巧克力醬

карри

咖哩

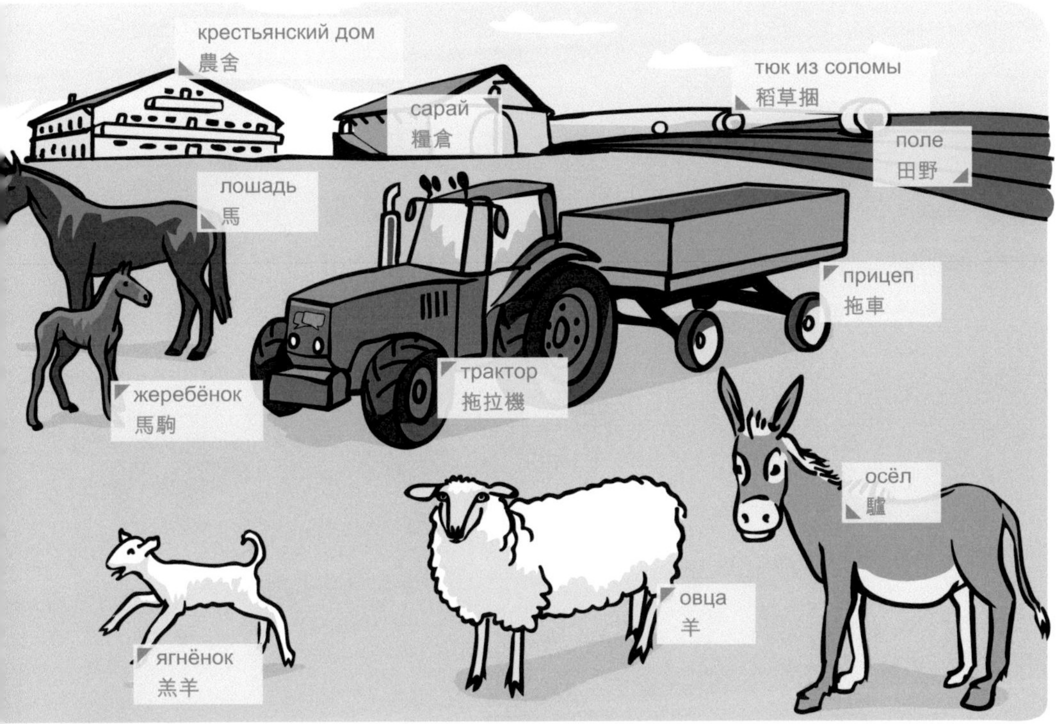

крестьянский дом
農舎

сарай
糧倉

тюк из соломы
稲草捆

поле
田野

лошадь
馬

прицеп
拖車

жеребёнок
馬駒

трактор
拖拉機

осёл
驢

овца
羊

ягнёнок
羔羊

коза

山羊

корова

奶牛

телёнок

小牛

свинья

豬

поросёнок

小豬

бык

公牛

гусь

鵝

утка

鴨

цыплёнок

小雞

курица

母雞

петух

公雞

крыса

鼠

кошка

貓

мышь

老鼠

вол

牛

собака

狗

конура

狗屋

садовый шланг

花園澆水軟管

лейка

澆水壺

коса

長柄大鐮刀

плуг

犁

серп

鐮刀

мотыга

鋤頭

навозные вилы

長柄草耙

топор

斧頭

тачка

獨輪手推車

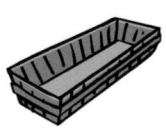

корыто

飼料槽

бидон для молока

牛奶罐

мешок

麻布袋

забор

柵欄

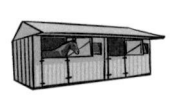

хлев

馬廄

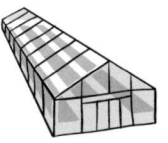

теплица

溫室

почва

土壤

посев

種子

удобрение

肥料

комбайн

聯合收割機

собирать урожай

收割

урожай

收割

ямс

地瓜

пшеница

小麥

соя

大豆

картофель

土豆

кукуруза

玉米

рапс

油菜籽

фруктовое дерево

果樹

маниок

樹薯

злаки

穀物

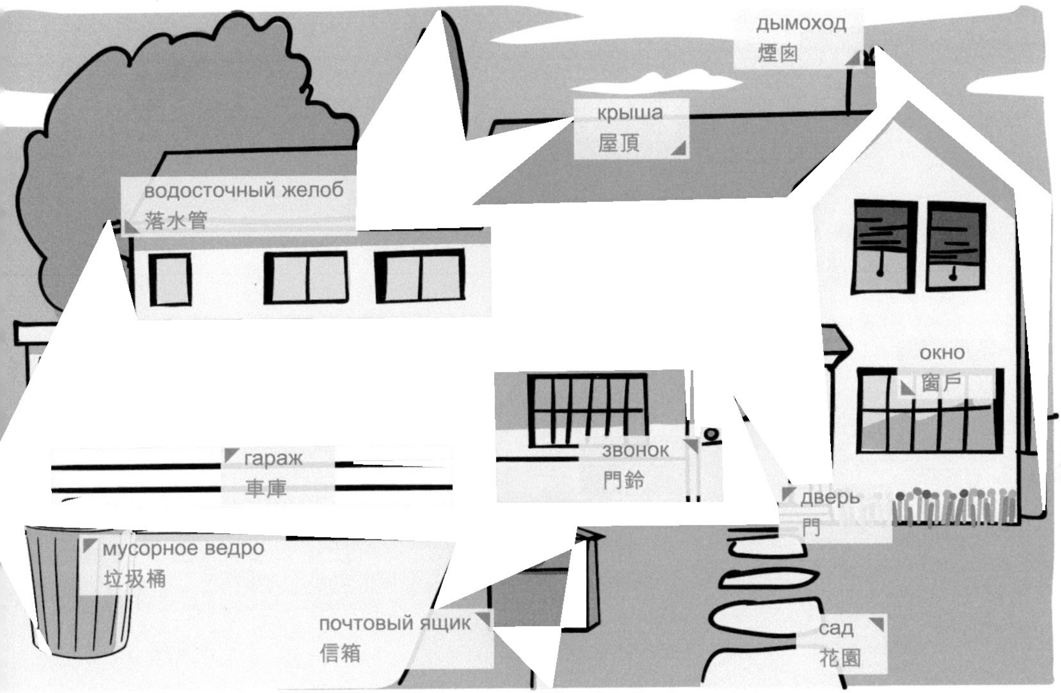

дымоход
煙囪

крыша
屋頂

водосточный желоб
落水管

окно
窗戶

гараж
車庫

звонок
門鈴

дверь
門

мусорное ведро
垃圾桶

почтовый ящик
信箱

сад
花園

гостиная

客廳

ванная комната

浴室

кухня

廚房

спальня

臥室

детская комната

兒童房

столовая

餐廳

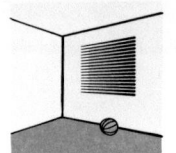

пол

地板

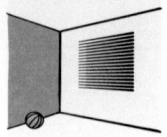

стена

牆壁

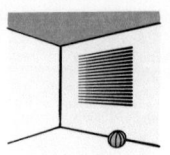

потолок

天花板

подвал

地窖

сауна

三溫暖

балкон

陽臺

терраса

露臺

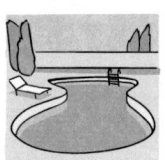

бассейн

游泳池

газонокосилка

割草機

пододеяльник

被單

покрывало

床罩

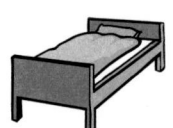

кровать

床

метла

掃帚

ведро

水桶

выключатель

開關

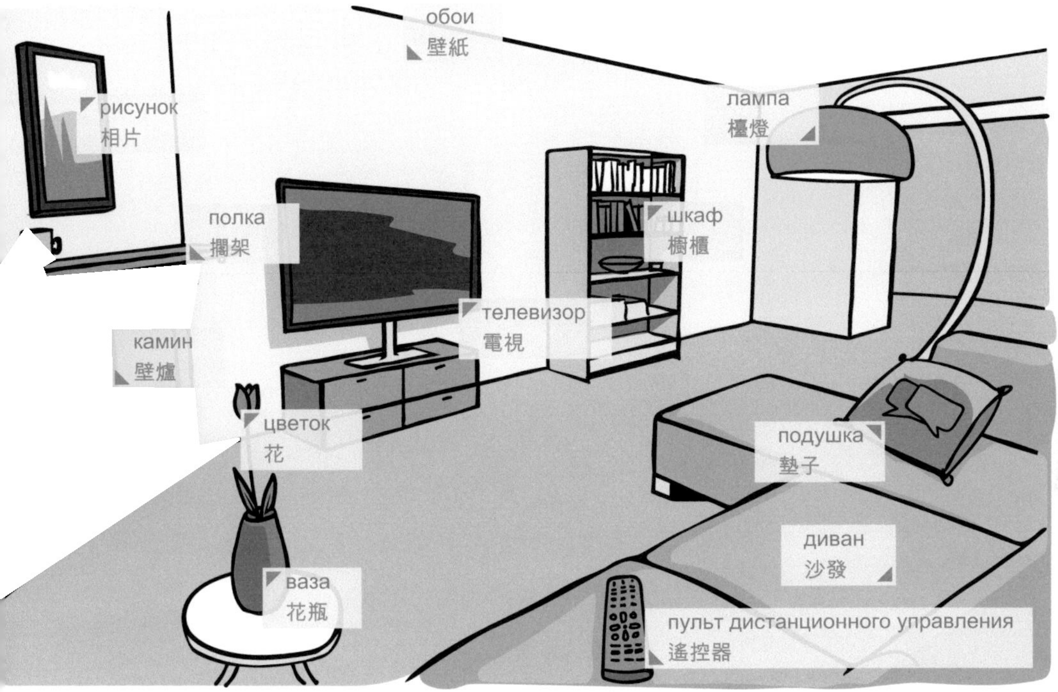

обои
壁紙

рисунок
相片

лампа
檯燈

полка
攔架

шкаф
櫥櫃

камин
壁爐

телевизор
電視

цветок
花

подушка
墊子

диван
沙發

ваза
花瓶

пульт дистанционного управления
遙控器

ковёр

地毯

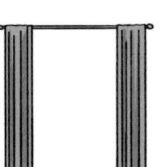

штора

窗簾

стол

餐桌

стул

椅子

кресло-качалка

搖椅

кресло

扶手椅

книга

書

покрывало

毯子

украшение

裝飾品

дрова

木柴

фильм

電影

стереосистема

高傳真音響

ключ

鑰匙

газета

報紙

картина

油畫

плакат

海報

радио

收音機

блокнот

筆記本

пылесос

吸塵器

кактус

仙人掌

свеча

蠟燭

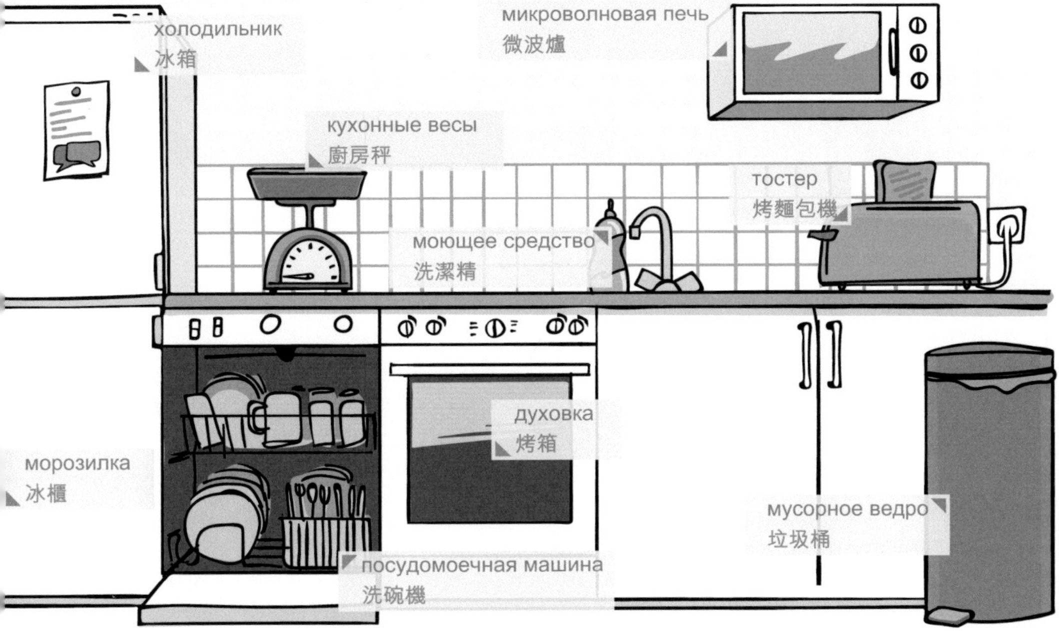

холодильник
冰箱

микроволновая печь
微波爐

кухонные весы
廚房秤

тостер
烤麵包機

моющее средство
洗潔精

духовка
烤箱

морозилка
冰櫃

мусорное ведро
垃圾桶

посудомоечная машина
洗碗機

плита
炊具

кастрюля
鍋

чугунный котелок
鑄鐵鍋

вок / кадай
炒鍋

сковорода
平底鍋

чайник
水壺

пароварка

蒸鍋

противень

烤盤

посуда

陶瓷鍋

кружка

馬克杯

миска

碗

палочки для еды

筷子

половник

長柄勺

лопатка

鏟子

сбивалка

攪拌器

сито

濾網

сито

篩子

тёрка

磨碎機

ступка

研鉢

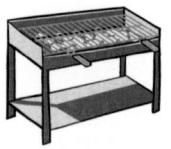

гриль

燒烤

костёр

明火

доска

菜板

скалка

擀麵杖

штопор

開瓶器

жестяная банка

罐子

консервный нож

開罐器

прихватка

隔熱手套

раковина

水槽

щетка

刷子

губка

海綿

миксер

攪拌機

морозильная камера

冷藏箱

бутылочка для кормления

奶瓶

кран

水龍頭

отопление
供暖裝置

душ
淋浴

полотенце
毛巾

душевая занавеска
浴簾

пенистая ванна
泡沫浴

ванна
浴缸

стакан
玻璃杯

стиральная машина
洗衣機

кран
水龍頭

плитка
瓷磚

горшок
便壺

раковина
水槽

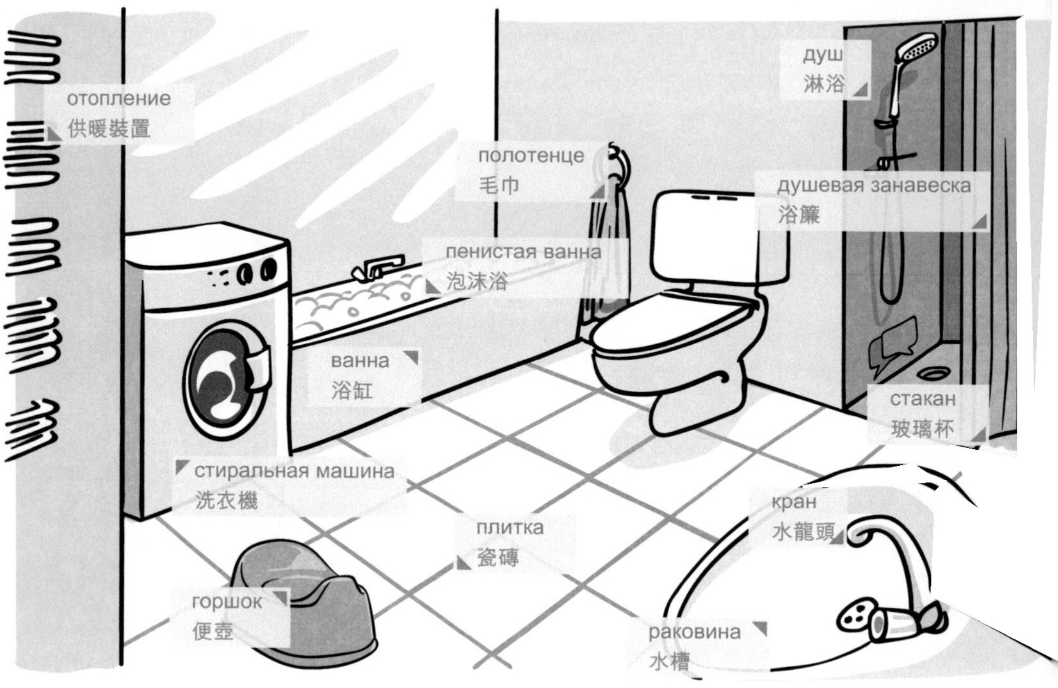

туалет

廁所

напольный унитаз

蹲便器

биде

坐浴器

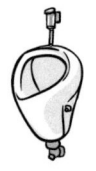

писсуар

小便斗

туалетная бумага

廁紙

ершик

馬桶刷

зубная щетка

牙刷

зубная паста

牙膏

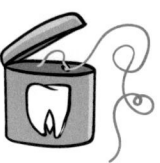

зубная нить

牙線

мыть

洗

ручной душ

手持式蓮蓬頭

интимный душ

沖洗器

таз

洗臉盆

щетка для спины

洗背刷

мыло

肥皂

гель для душа

沐浴露

шампунь

洗髮乳

мочалка

法蘭絨

сток

排水

крем

乳霜

дезодорант

除臭劑

зеркало

鏡子

ручное зеркало

手鏡

бритва

刮鬍刀

пена для бритья

刮鬍泡沫

лосьон после бритья

鬍後水

расческа

梳子

щетка

刷子

фен

吹風機

лак для волос

噴髮定型劑

косметика

化妝品

губная помада

唇膏

лак для ногтей

指甲油

вата

化妝棉

маникюрные ножницы

指甲剪

духи

香水

косметичка

洗漱包

табуретка

凳子

весы

計重秤

халат

浴袍

резиновые перчатки

橡膠手套

тампон

衛生棉條

игиеническая прокладка

衛生棉

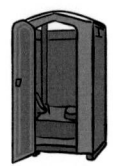

биотуалет

化學廁所

兒童房

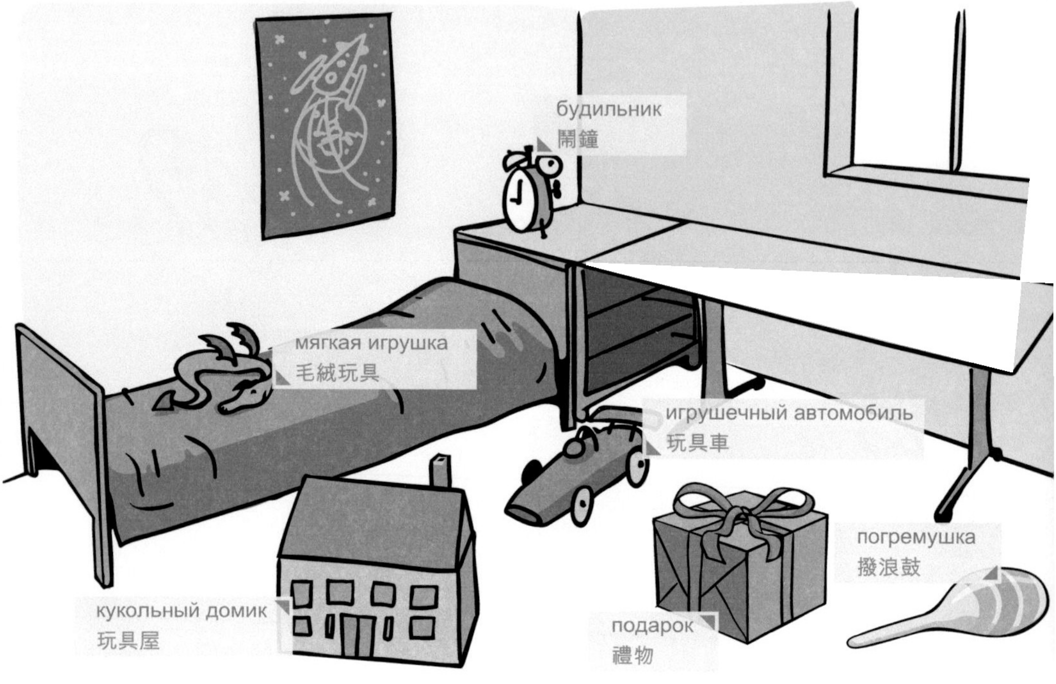
будильник
鬧鐘
мягкая игрушка
毛絨玩具
игрушечный автомобиль
玩具車
погремушка
撥浪鼓
кукольный домик
玩具屋
подарок
禮物

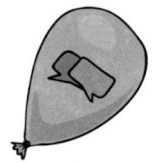

воздушный шар

氣球

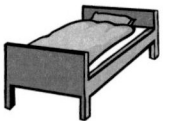

кровать

床

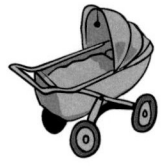

детская коляска

嬰兒車

карточная игра

撲克牌

пазл

拼圖

SUPER
MEGA

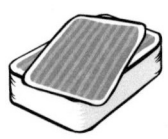

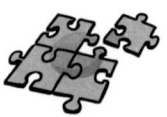

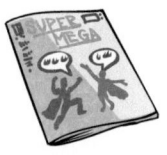

комикс

漫畫

кирпичики Лего

樂高積木

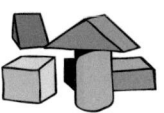

кубики

積木玩具

игрушечная фигурка

公仔

ползунки

嬰兒服

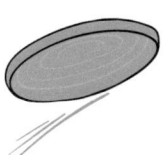

фрисби

飛盤

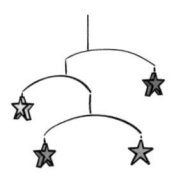

мобиле

床鈴玩具

настольная игра

棋盤遊戲

кубик

骰子

модель железной дороги

火車模型

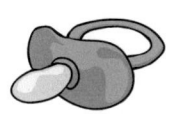

соска

安撫奶嘴

вечеринка

派對

книга с картинками

繪本

мяч

球

кукла

洋娃娃

играть

玩

песочница

沙坑

качели

鞦韆

игрушка

玩具

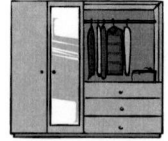

игровая приставка

電玩遊戲

трёхколесный велосипед

三輪車

плюшевый медвежонок

泰迪熊

шкаф для одежды

衣櫃

носки

襪子

чулки

長襪

колготки

緊身褲

шарф
圍巾

зонтик
雨傘

футболка
T恤

ремень
皮帶

сапоги
靴子

тапки
拖鞋

кроссовки
運動鞋

сандалии

涼鞋

ботинки

鞋

резиновые сапоги

雨靴

трусы

內褲

бюстгальтер

胸罩

майка

背心

боди

身體

брюки

褲子

джинсы

牛仔褲

юбка

短裙

блузка

女式襯衫

рубашка

襯衫

свитер

套頭衫

свитер

連帽上衣

спортивная куртка

西裝夾克

жакет

夾克

пальто

外套

плащ

雨衣

костюм

套裝

платье

連衣裙

свадебное платье

婚紗

мужской костюм

西裝

ночная сорочка

睡袍

пижама

睡衣

сари

莎麗

платок

頭巾

тюрбан

包頭巾

паранджа

波卡

кафтан

卡夫坦

абайя

(阿拉伯式)長袍

купальник

泳衣

плавки

男式泳褲

шорты

短褲

спортивный костюм

運動服

фартук

圍裙

перчатки

手套

пуговица

鈕扣

очки

眼鏡

браслет

手鏈

цепочка

項鍊

кольцо

戒指

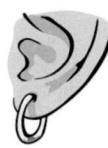

серьга

耳環

шапка

便帽

вешалка

衣架

шляпа

帽子

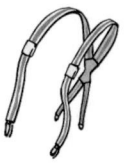

галстук

領帶

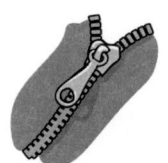

застежка молния

拉鍊

шлем

安全帽

подтяжки

背帶

школьная форма

校服

форма

制服

детский нагрудник

圍兜

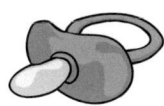

соска

安撫奶嘴

подгузник

尿布

сервер
伺服器

канцелярский шкаф
檔案櫃

принтер

монитор
螢幕

бумага
紙

мышь
滑鼠

клавиатура

корзина для бумаг
廢紙簍

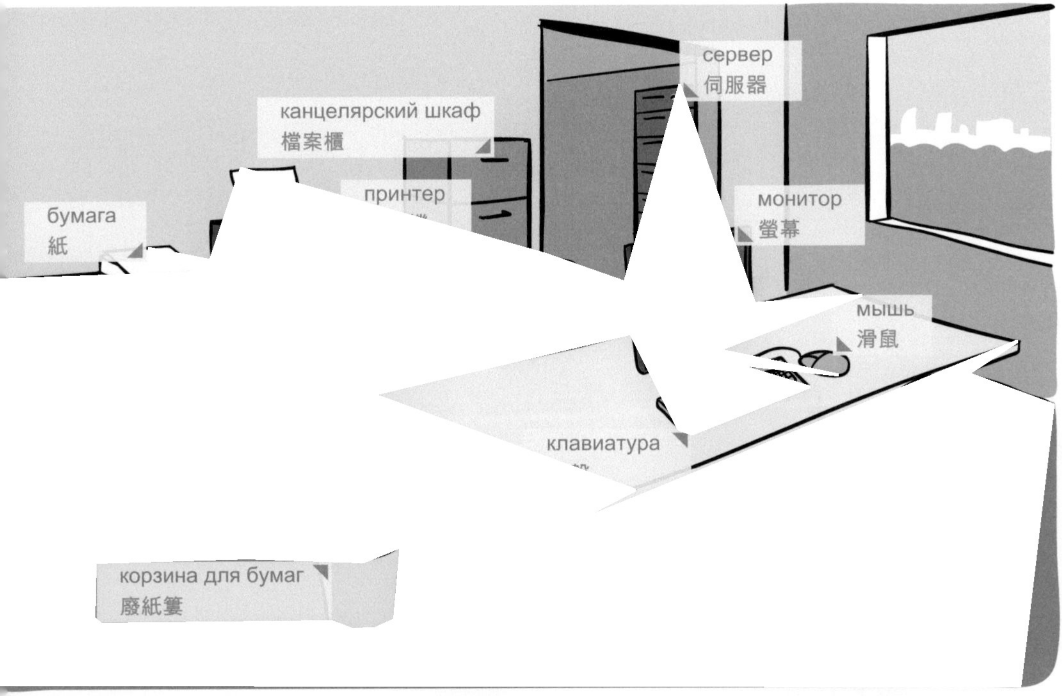

кофейная кружка

咖啡杯

калькулятор

計算機

интернет

網際網路

ноутбук

筆記型電腦

письмо

信件

сообщение

簡訊

мобильный телефон

行動電話

сеть

網路

ксерокс

影印機

программа

軟體

телефон

電話

розетка

插座

факс

傳真機

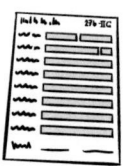

формуляр

表格

документ

檔案

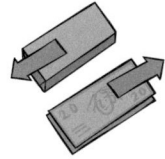

покупать

買

платить

付錢

торговать

交易

деньги

現金

доллар

美元

евро

歐元

иена

日元

рубль

盧布

франк

瑞士法郎

жэньминьби юань

人民幣

рупия

盧比

банкомат

提款處

пункт обмена валюты

外幣兌換處

золото

金

серебро

銀

нефть

石油

энергия

能源

цена

價格

договор

合約

налог

稅金

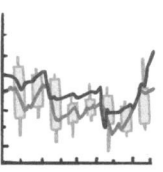

акция

股票

работать

工作

служащий

職員

работодатель

老闆

фабрика

工廠

магазин

商店

экономика · 經濟

милиционер
警官

пожарный
消防員

повар
廚師

врач
醫師

пилот
飛行員

садовник
園丁

столяр
木匠

швея
裁縫

судья
法官

химик
化學家

актёр
演員

водитель автобуса

公車司機

таксист

計程車司機

рыбак

漁夫

уборщица

清洗女工

кровельщик

屋頂工

официант

服務生

охотник

獵人

художник

畫家

пекарь

麵包師

электрик

電工

строитель

建築工人

инженер

工程師

мясник

屠夫

сантехник

水管工

почтальон

郵差

солдат

士兵

архитектор

建築師

кассир

收銀員

флорист

花農

парикмахер

理髮師

кондуктор

售票員

механик

機械技師

капитан

船長

зубной врач

牙醫

ученый

科學家

раввин

拉比

имам

伊瑪目

монах

和尚

священник

牧師

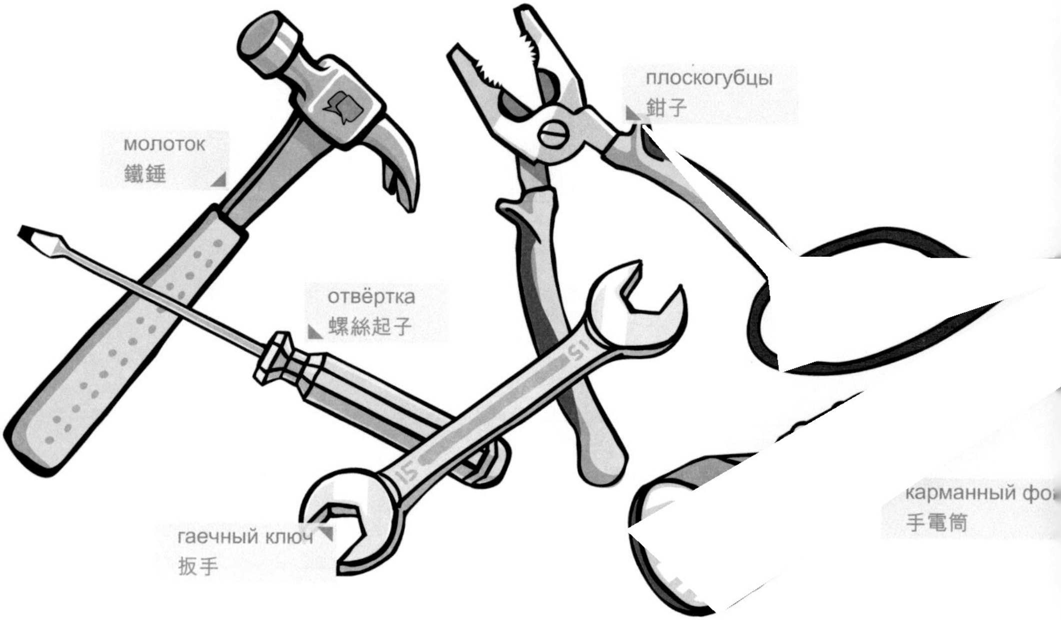

молоток
鐵錘

плоскогубцы
鉗子

отвёртка
螺絲起子

гаечный ключ
扳手

карманный фо
手電筒

экскаватор

挖掘機

ящик для инструментов

工具箱

стремянка

梯子

пила

鋸子

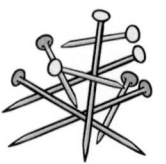

гвозди

釘子

дрель

鑽機

ремонтировать

修

лопата

鏟子

Блин!

糟糕！

совок

畚箕

ведро с краской

油漆桶

винты

螺絲

громкоговоритель
揚聲器

ударный инструмент
打擊樂器

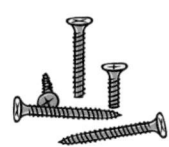

гитара
吉他

контрабас
低音提琴

труба
小號

музыкальные инструменты - 樂器

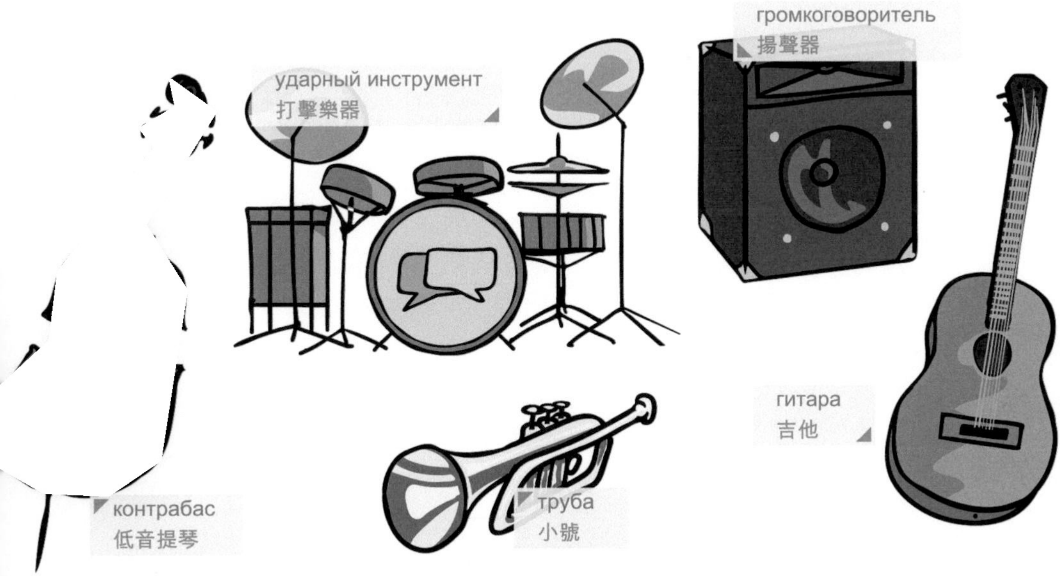

пианино

鋼琴

скрипка

小提琴

бас-гитара

貝斯

литавры

定音鼓

барабан

鼓

синтезатор

電子琴

саксофон

薩克斯風

флейта

長笛

микрофон

麥克風

вход
入口

корм
動物飼料

панда
熊貓

животные

動物

слон

大象

кенгуру

袋鼠

носорог

犀牛

горилла

大猩猩

медведь

熊

верблюд

駱駝

страус

鴕鳥

лев

獅子

обезьяна

猴子

фламинго

紅鶴

попугай

鸚鵡

белый медведь

北極熊

пингвин

企鵝

акула

鯊魚

павлин

孔雀

змея

蛇

крокодил

鱷魚

служитель зоопарка

動物園管理員

тюлень

海豹

ягуар

美洲豹

пони

矮種馬

леопард

豹

бегемот

河馬

жираф

長頸鹿

орёл

老鷹

кабан

野豬

рыба

魚

черепаха

龜

морж

海象

лиса

狐狸

газель

羚羊

американский футбол
橄欖球

езда на велосипеде
騎腳踏車

теннис
網球

баскетбол
籃球

плавание
游泳

бокс
拳擊

хоккей
冰球

футбол
美式足球

бадминтон
羽毛球

лёгкая атлетика
田徑

гандбол
手球

лыжный спорт
滑雪

поло
馬球

прыгать
跳

смеяться
笑

обнимать
擁抱

идти
走路

петь
唱

мечтать
做夢

молиться
祈禱

целовать
親吻

писать
書寫

рисовать
畫

показывать
展示

нажимать
推

давать
給

брать
拿

иметь
有

делать
做

быть
當

стоять
站

бежать
跑

тянуть
拉

бросать
丟

падать
摔倒

лежать
躺

ждать
等待

носить
攜帶

сидеть
坐

надевать
穿衣

спать
睡覺

просыпаться
醒來

рассматривать

看

плакать

哭

гладить

擊

причесывать

梳頭

говорить

交談

понимать

明白

спрашивать

問

слушать

聽

пить

喝

кушать

吃

наводить порядок

清理

любить

愛

готовить

做飯

ехать

開車

летать

飛

ходить под парусом

航行

считать

計算

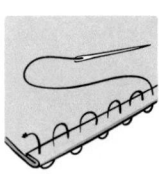

читать

讀

учиться

學習

работать

工作

вступать в брак

結婚

шить

縫

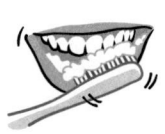

чистить зубы

刷牙

убивать

殺

курить

抽菸

отправлять

寄

бабушка
祖母

дедушка
祖父

папа
父親

мама
母親

младенец
嬰兒

дочь
女兒

сын
兒子

гость

客人

тетя

阿姨

дядя

叔叔

брат

兄弟

сестра

姐妹

семья - 家

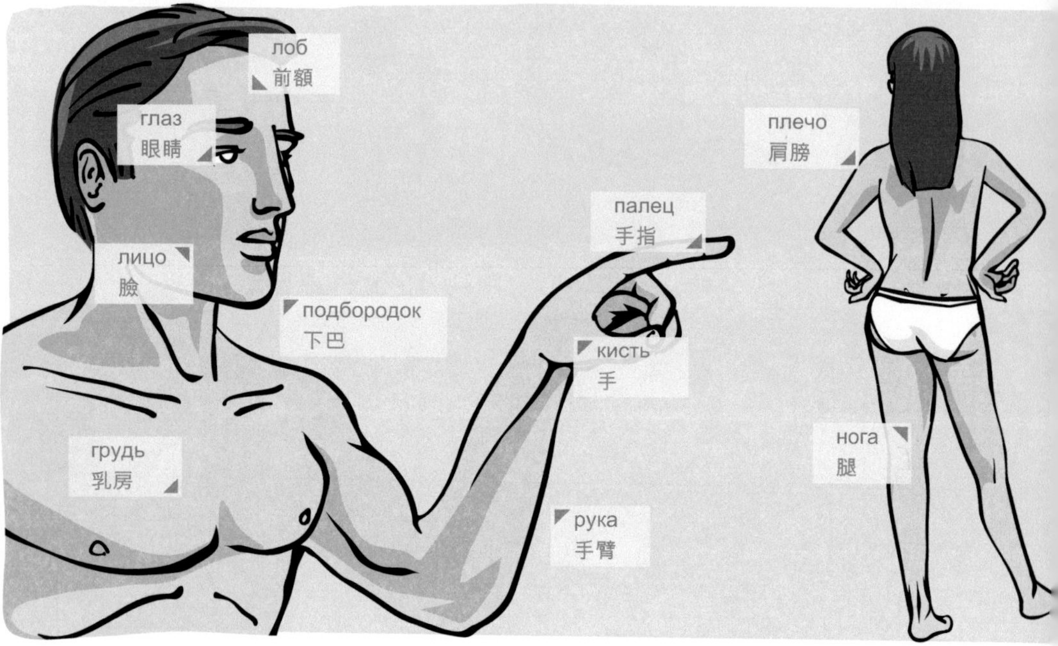

лоб
前額

глаз
眼睛

плечо
肩膀

палец
手指

лицо
臉

подбородок
下巴

кисть
手

грудь
乳房

нога
腿

рука
手臂

млаленец

嬰兒

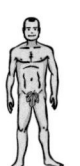

мужчина

男人

женщина

女人

девочка

女孩

мальчик

男孩

голова

頭

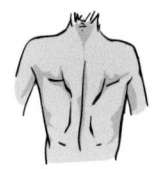

спина

背部

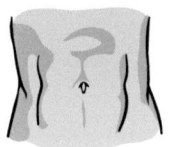

живот

肚子

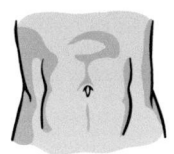

пупок

肚臍

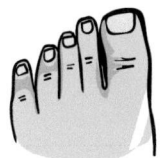

палец ноги

腳趾

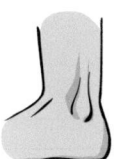

пятка

腳後跟

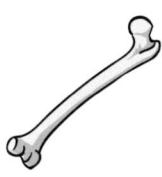

кость

骨頭

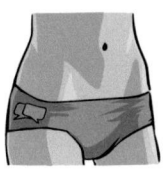

бедро

臀部

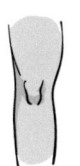

колено

膝蓋

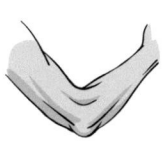

локоть

手肘

нос

鼻子

ягодицы

屁股

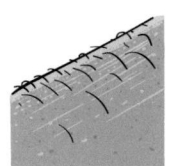

кожа

皮膚

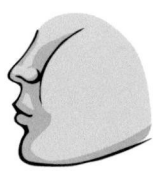

щека

臉頰

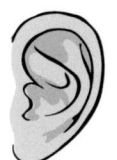

ухо

耳朵

губа

嘴唇

тело - 身體

рот

嘴

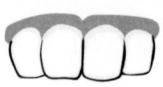

зуб

牙齒

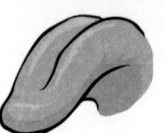

язык

舌頭

мозг

腦

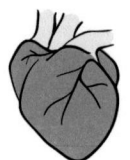

сердце

心臟

мышца

肌肉

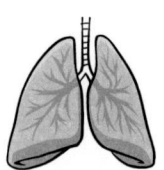

лёгкое

肺

печень

肝臟

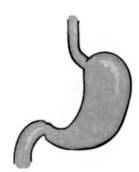

желудок

胃

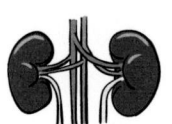

почки

腎臟

половой акт

性交

презерватив

保險套

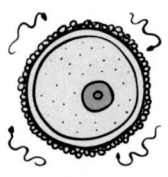

яйцеклетка

卵子

сперма

精子

беременность

懷孕

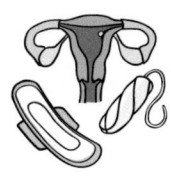

менструация

月事

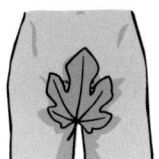

вагина

陰道

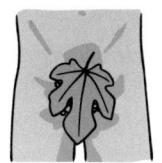

пенис

陰莖

бровь

眉毛

волосы

頭髮

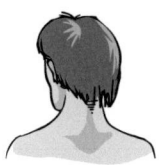

шея

脖子

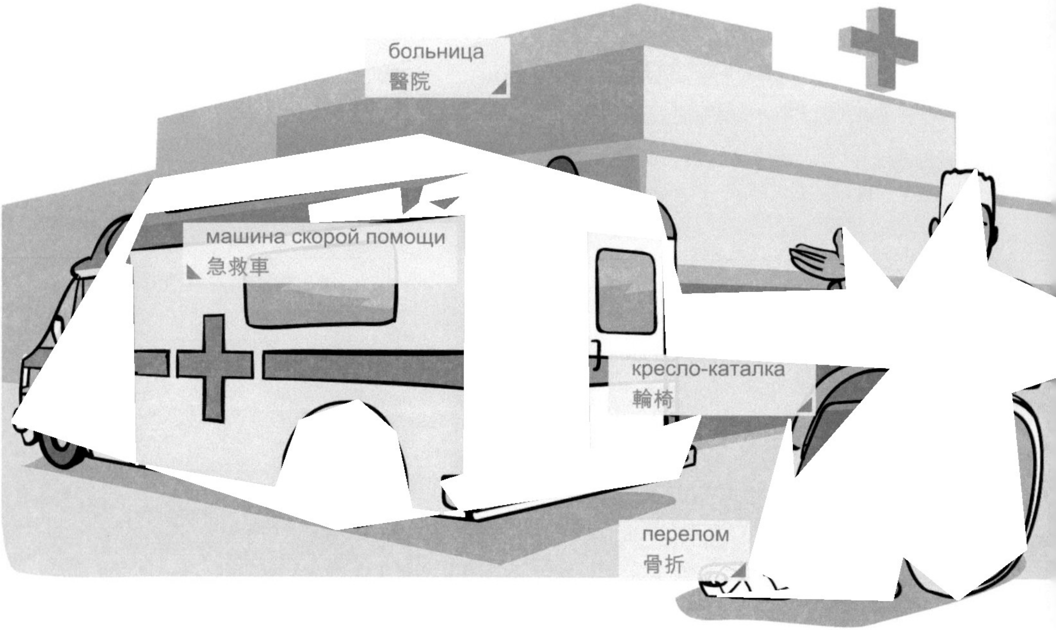

больница
醫院

машина скорой помощи
急救車

кресло-каталка
輪椅

перелом
骨折

врач

醫師

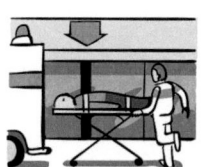

пункт первой помощи

急診室

медсестра

護理師

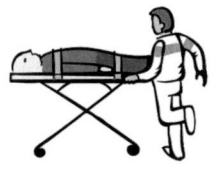

неотложный случай

緊急情形

без сознания

昏迷

боль

痛

повреждение

受傷

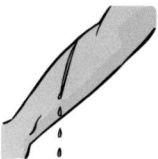

кровотечение

出血

инфаркт

心臟病發作

инсульт

中風

аллергия

過敏

кашель

咳嗽

овышенная температура

發燒

грипп

流感

понос

腹瀉

головная боль

頭痛

рак

癌症

диабет

糖尿病

хирург

外科醫師

скальпель

手術刀

операция

手術

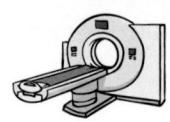

КТ

電腦斷層掃描

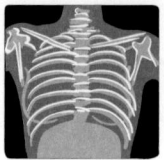

рентген

X光

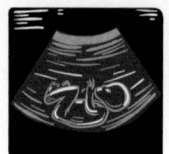

ультразвук

超音波

маска

口罩

болезнь

疾病

приёмная

候診室

костыль

拐杖

пластырь

石膏

бинт

繃帶

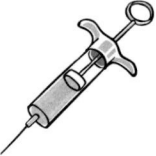

укол

注射

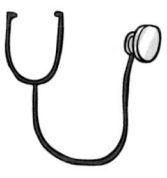

стетоскоп

聽診器

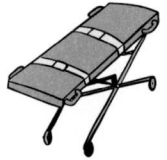

носилки

擔架

термометр

體溫計

рождение

出生

избыточный вес

超重

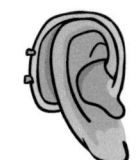

слуховой аппарат

助聽器

дезинфекционное средство

消毒液

инфекция

感染

вирус

病毒

ВИЧ / СПИД

愛滋病

лекарство

藥物

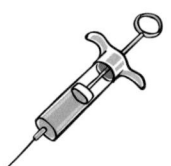

прививка

接種疫苗

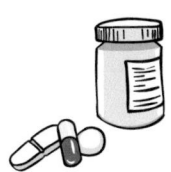

таблетки

藥片

противозачаточная таблетка

藥丸

экстренный вызов

急救電話

прибор для измерения кровяного давления

血壓計

больной / здоровый

生病/健康

Помогите!

救命！

сигнал тревоги

警報

нападение

突擊

атака

攻擊

опасность

危險

запасной выход

緊急出口

Пожар!

失火了！

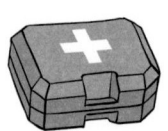

огнетушитель

滅火器

несчастный случай

意外

аптечка

急救箱

SOS

呼救訊號

милиция

員警

Европа

歐洲

Северная Америка

北美洲

Южная Америка

南美洲

Африка

非洲

Азия

亞洲

Австралия

澳洲

Атлантический океан

大西洋

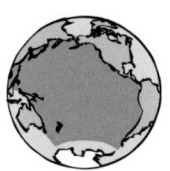

Тихий океан

太平洋

Индийский океан

印度洋

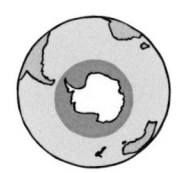

Антарктический океан

南冰洋

Северный Ледовитый
океан

北冰洋

Северный полюс

北極

Южный полюс

南極

Антарктика

南極洲

земля

地球

суша

陸地

море

海

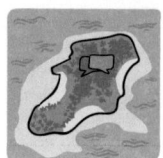

остров

島

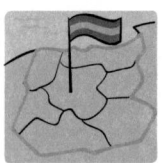

нация

國家

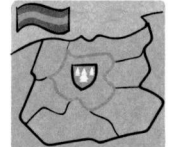

государство

州

циферблат

錶盤

часовая стрелка

時針

минутная стрелка

分針

секундная стрелка

秒針

Который час?

現在幾點？

день

天

время

時間

сейчас

現在

электронные часы

電子錶

минута

分

час

時

понедельник
週一

среда
週三

пятница
週五

TU

TH

SA

SO

вторник
週二

суббота
週六

четверг
週四

воскресенье
週日

вчера

昨天

сегодня

今天

завтра

明天

утро

早晨

полдень

中午

вечер

晚上

MO	TU	WE	TH	FR	SA	SU
1	2	3	4	5	6	7
8	9	10	11	12	13	14
15	16	17	18	19	20	21
22	23	24	25	26	27	28
29	30	31	1	2	3	4

рабочие дни

工作日

MO	TU	WE	TH	FR	SA	SU
1	2	3	4	5	6	7
8	9	10	11	12	13	14
15	16	17	18	19	20	21
22	23	24	25	26	27	28
29	30	31	1	2	3	4

выходные

週末

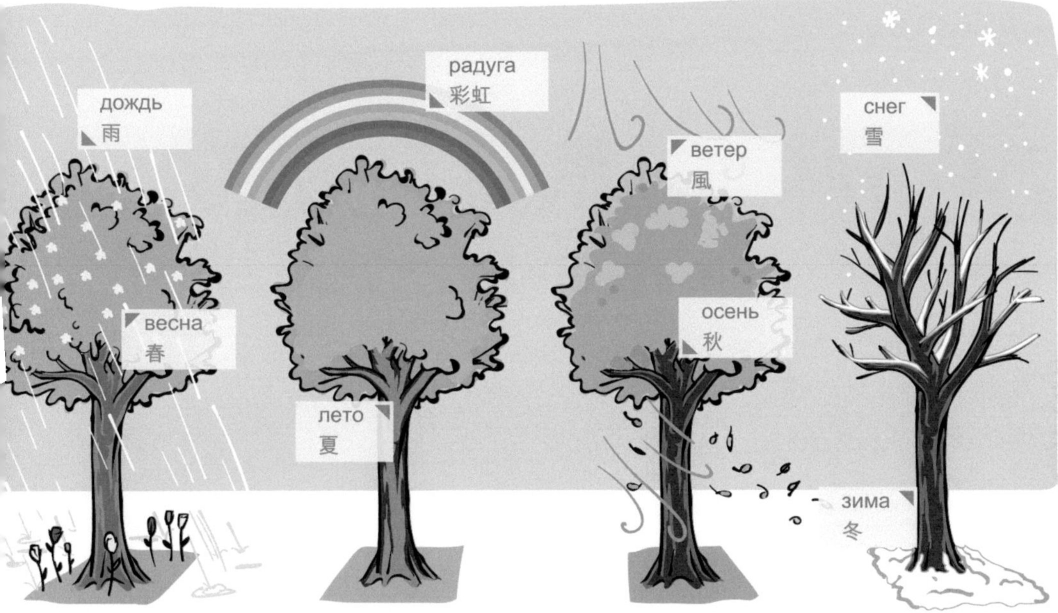

дождь
雨

радуга
彩虹

ветер
風

снег
雪

весна
春

осень
秋

лето
夏

зима
冬

прогноз погоды

天氣預告

термометр

溫度計

солнечный свет

陽光

туча

雲

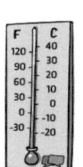

туман

霧

влажность воздуха

潮濕

молния

闪電

гром

打雷

буря

風暴

град

冰雹

муссон

季風

наводнение

洪水

лёд

冰

январь

一月

февраль

二月

март

三月

апрель

四月

май

五月

июнь

六月

июль

七月

август

八月

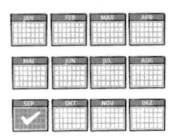

сентябрь

九月

октябрь

十月

ноябрь

十一月

декабрь

十二月

круг

圓形

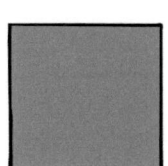

квадрат

正方形

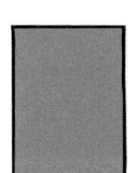

прямоугольник

長方形

треугольник

三角形

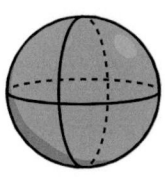

шар

球體

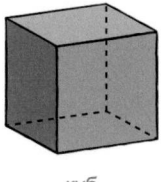

куб

立方體

формы - 形狀

белый

白

желтый

黄

оранжевый

橙

розовый

粉

красный

紅

лиловый

紫

синий

藍

зелёный

緑

коричневый

棕

серый

灰

черный

黒

много / мало

很多/少許

яростный / мирный

生氣/平靜

красивый / уродливый

美/醜

начало / конец

首/尾

большой / маленький

大/小

светлый / темный

明/暗

брат / сестра

兄弟/姐妹

чистый / грязный

乾淨/骯髒

полный / неполный

完整/缺失

день / ночь

白天/晚上

мёртвый / живой

死/生

широкий / узкий

寬/窄

съедобный / несъедобный

可食用/非食用

злой / дружелюбный

邪惡/善良

взволнованный /
скучающий

興奮/無聊

толстый / худой

胖/瘦

сначала / в конце

第一/最後

друг / враг

朋友/敵人

полный / пустой

滿/空

твёрдый / мягкий

硬/軟

тяжёлый / легкий

重/輕

голод / жажда

餓/渴

больной / здоровый

生病/健康

незаконный / законный

非法/合法

умный / глупый

聰明/愚笨

слева / справа

左/右

близко / далеко

近/遠

новый / подержанный

新/舊

ничто / нечто

沒有/有些

старый / молодой

老/幼

включено / выключено

開/關

открыто / закрыто

打開/闔上

тихо / громко

安靜/吵鬧

богатый / бедный

富/窮

правильный /
неправильный
對/錯

шероховатый / гладкий

粗糙/光滑

печальный / счастливый

傷心/高興

короткий / длинный

短/長

медленный / быстрый

慢/快

мокрый / сухой

濕/乾

тёплый / прохладный

溫暖/涼爽

война / мир

戰爭/和平

0
ноль
零

1
один
一

2
два
二

3
три
三

4
четыре
四

5
пять
五

6
шесть
六

7
семь
七

8
восемь
八

9
девять
九

10
десять
十

11
одиннадцать
十一

12
двенадцать
十二

13
тринадцать
十三

14
четырнадцать
十四

15
пятнадцать
十五

16
шестнадцать
十六

17
семнадцать
十七

18
восемнадцать
十八

19
девятнадцать
十九

20
двадцать
二十

100
сто
百

1.000
тысяча
千

1.000.000
миллион
百萬

английский

英語

американский английский

美式英語

мандаринский китайский

普通話

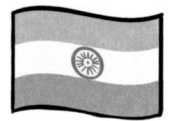

хинди

印地語

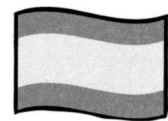

испанский

西班牙語

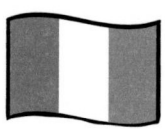

французский

法語

арабский

阿拉伯語

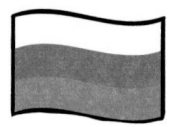

русский

俄語

португальский

葡萄牙語

бенгальский

孟加拉語

немецкий

德語

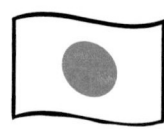

японский

日語

я

我

ты

你

он / она / оно

他/她/它

мы

我們

вы

你們

они

他們

кто?

誰？

что?

什麼？

как?

如何？

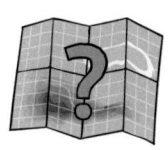

где?

何處？

когда?

何時？

имя

名字

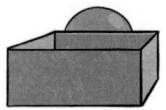

за
....
後面

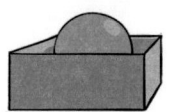

в
....
裡面

перед
....
前面

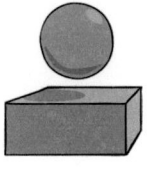

над
....
上方

на
....
上面

под
....
下麵

рядом
....
旁邊

между
....
中間

место
....
地點